CHAE RIN VINCENT
FOTOS: AIMERY CHEMIN

TACOS

INHALT ——————————

GEMÜSE

SAUCEN UND BEILAGEN

COCKTAILS

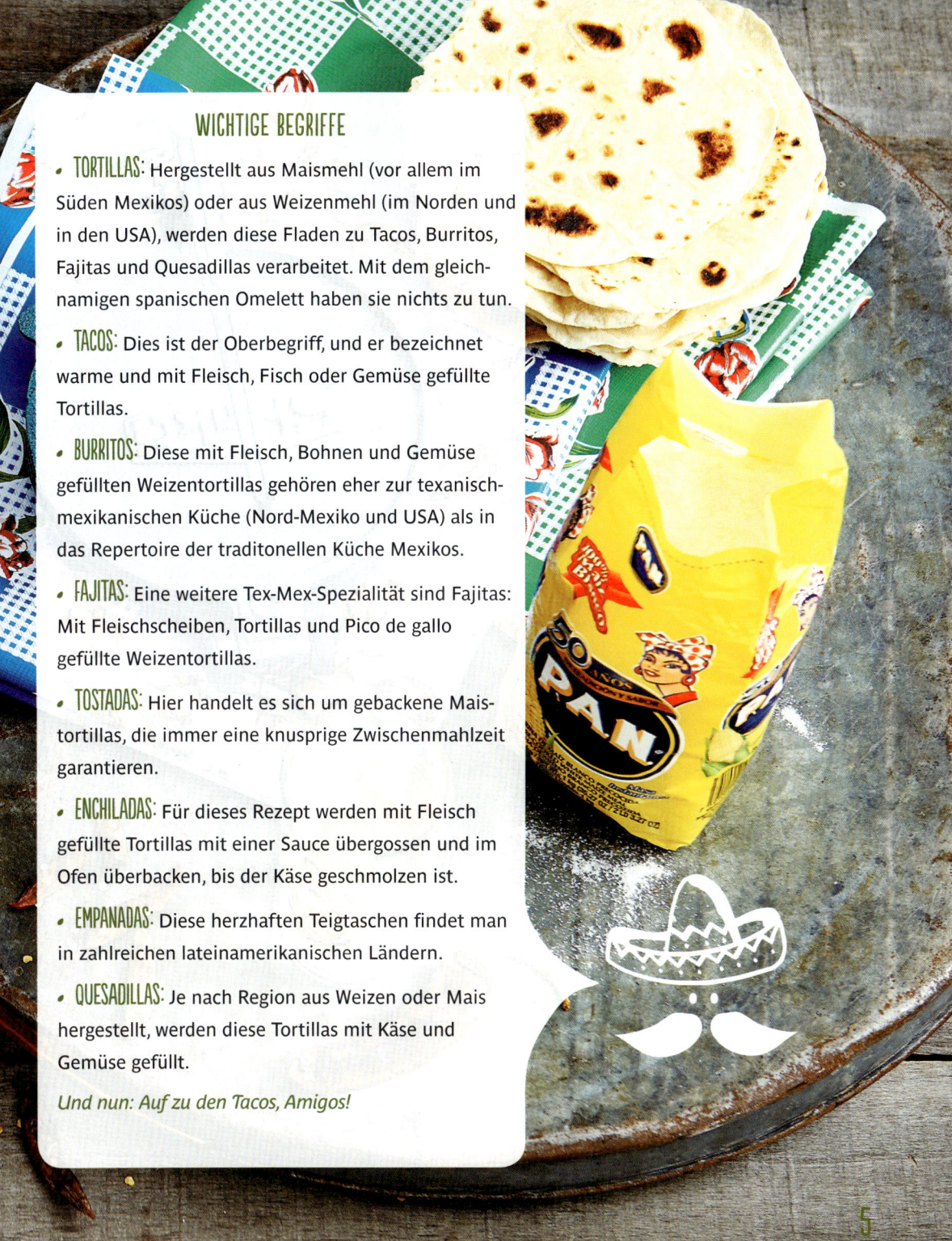

WICHTIGE BEGRIFFE

- **TORTILLAS:** Hergestellt aus Maismehl (vor allem im Süden Mexikos) oder aus Weizenmehl (im Norden und in den USA), werden diese Fladen zu Tacos, Burritos, Fajitas und Quesadillas verarbeitet. Mit dem gleichnamigen spanischen Omelett haben sie nichts zu tun.

- **TACOS:** Dies ist der Oberbegriff, und er bezeichnet warme und mit Fleisch, Fisch oder Gemüse gefüllte Tortillas.

- **BURRITOS:** Diese mit Fleisch, Bohnen und Gemüse gefüllten Weizentortillas gehören eher zur texanisch-mexikanischen Küche (Nord-Mexiko und USA) als in das Repertoire der traditonellen Küche Mexikos.

- **FAJITAS:** Eine weitere Tex-Mex-Spezialität sind Fajitas: Mit Fleischscheiben, Tortillas und Pico de gallo gefüllte Weizentortillas.

- **TOSTADAS:** Hier handelt es sich um gebackene Maistortillas, die immer eine knusprige Zwischenmahlzeit garantieren.

- **ENCHILADAS:** Für dieses Rezept werden mit Fleisch gefüllte Tortillas mit einer Sauce übergossen und im Ofen überbacken, bis der Käse geschmolzen ist.

- **EMPANADAS:** Diese herzhaften Teigtaschen findet man in zahlreichen lateinamerikanischen Ländern.

- **QUESADILLAS:** Je nach Region aus Weizen oder Mais hergestellt, werden diese Tortillas mit Käse und Gemüse gefüllt.

Und nun: Auf zu den Tacos, Amigos!

WEIZENTORTILLAS

ZUBEREITUNGSZEIT: 20 MIN.
RUHEZEIT: 30 MIN.
GARZEIT: 2 MIN. JE TORTILLA

Zutaten für ca. 10 Tortillas

- 300 g Weizenmehl
- 1 Prise Streuzucker
- 1 kleiner TL Salz
- 75 g kalte Butter, gewürfelt
- 160 ml kochendes Wasser

• Mehl, Zucker und Salz in einer großen Schüssel vermischen. Die Butterwürfel zugeben und mit den Händen zu einem krümeligen Teig verarbeiten. Nach und nach das kochende Wasser zugießen und mit einem Holzlöffel verrühren, bis ein sehr glatter Teig entsteht (falls nötig, etwas mehr Wasser zugeben).

• Den Teig in 10 Teiglinge aufteilen und diese 30 Minuten auf einem sauberen Küchentuch ruhen lassen.

• Aus jedem Teigling eine Kugel formen. Mit dem Handballen etwas flachdrücken, mit einem Pfannenboden darauf klopfen, um die Kugel noch weiter abzuflachen und schließlich mit dem Nudelholz zu einem runden Teigfladen mit einem Durchmesser von etwa 20 cm ausrollen.

• Eine antihaftbeschichtete Pfanne ohne Zugabe von Fett erhitzen und je einen Fladen in die Pfanne geben. Von jeder Seite 30 – 60 Sekunden braten, bis die Tortillas leicht braune Beulen ausbilden.

• Die fertigen Tortillas zwischen saubere Küchentücher legen, um sie warm zu halten.

Um die Tortillas zu aromatisieren, können Sie dem Teig 1 Teelöffel getrockneten Oregano oder Paprikapulver zugeben.

MAISTORTILLAS

ZUBEREITUNGSZEIT: 15 MIN.
GARZEIT: 2 MIN. JE TORTILLA

Zutaten für ca. 12 Tortillas

- 200 g Maismehl (Masa Harina)
- 250–300 ml lauwarmes Wasser

• Mehl und Wasser in einer Schüssel vermischen, bis ein glatter Teig entsteht. Er darf nicht klebrig sein.

• Aus dem Teig etwa 3 – 4 cm große Kugeln formen und diese mit einem Nudelholz zu flachen Fladen mit einem Durchmesser von etwa 15 cm ausrollen. Wenn Sie eine Tortillapresse besitzen, können Sie die Teigkugeln auch zwischen zwei Lagen Klarsichtfolie legen und die Fladen formen.

• Eine antihaftbeschichtete Pfanne ohne Zugabe von Fett erhitzen und je einen Fladen in die Pfanne geben. Von jeder Seite 30 – 60 Sekunden braten, bis die Tortillas leicht braune Beulen ausbilden.

• Die fertigen Tortillas zwischen saubere Küchentücher legen, um sie warm zu halten.

Für Tortillas benötigen Sie nixtamalisiertes Maismehl, dass Sie in gut sortierten Lebensmittelmärkten, in lateinamerikanischen Märkten oder im Internet finden. Erst das Verfahren der Nixtamalisation (Auskochen des Maismehls mit alkalischem Kalkwasser) ermöglicht die Abtrennung des Korns von den fest verwachsenen Spelzen. Nur mit einem so hergestellten Maismehl können Ihre Tortillas wirklich gelingen.

TORTILLACHIPS

ZUBEREITUNGSZEIT: 5 MIN.
GARZEIT: 30 SEK. (IN DER FRITTEUSE),
12 MIN. (IM BACKOFEN)

Zutaten für 4 Personen

- 200 g altbackene Maistortillas
  (siehe Rezept S. 8)
- Frittieröl oder Sonnenblumenöl zum
  Backen im Ofen
- Salz, Chili- oder Paprikapulver

• Die Tortillas in kleine Dreiecke schneiden.

• Das Frittieröl auf 160 °C erhitzen und die Tortilla-dreiecke 30 Sekunden frittieren, bis sie Farbe angenommen haben. Auf Küchenpapier abtropfen lassen. Für eine etwas fettärmere Version empfiehlt sich die Zubereitung im Backofen: Den Backofen auf 160 °C vorheizen. Die Dreiecke auf ein mit Backpapier ausgelegtes Backblech legen und von beiden Seiten mit Sonnenblumenöl einpinseln. 12 Minuten im Ofen backen, dabei nach der halben Backzeit wenden.

• Die Tortillachips mit Salz, Chili- oder Paprikapulver bestreuen und servieren.

Servieren Sie Crème fraîche, Guacamole oder schwarze Bohnenpaste (siehe Rezepte S. 62) zu den Tortillachips.

TACOS MIT HUHN

ZUBEREITUNGSZEIT: 15 MIN.
MARINIERZEIT: 1 STD.
GARZEIT: 7 MIN.

Zutaten für 4 Personen

- 4 Knoblauchzehen
- Saft von 3 Limetten
- 10 g Chilipulver
- 2 EL Olivenöl
- 4 Hähnchenkeulen, entbeint
- ½ Kopf Römersalat
- 12 Kirschtomaten
- 8 Maistortillas (siehe Rezept S. 8)
- 8 EL Hüttenkäse

• Für die Marinade: Die Knoblauchzehen schälen, entkeimen und zerdrücken. Knoblauch, Limettensaft, Chilipulver und Olivenöl in einem tiefen Teller verrühren.

• Das Fleisch in Streifen schneiden, zur Marinade geben und sorgfältig vermengen. Mit Klarsichtfolie abdecken und 1 Stunde im Kühlschrank marinieren.

• Den Salat waschen und in dünne Streifen schneiden. Die Kirschtomaten ebenfalls waschen und vierteln.

• Das Fleisch aus der Marinade heben und in einer antihaftbeschichteten Pfanne 7 Minuten bräunen, dabei von Zeit zu Zeit wenden.

• Die Tortillas aufwärmen (in der Mikrowelle oder in der Pfanne). Die Tortillas jeweils mit einigen Fleischstreifen belegen. Einige Salatstreifen, einige Tomatenviertel und 1 Esslöffel Hüttenkäse zu jeder Tortilla geben. Die Tortillas zusammenfalten und servieren.

Alternativ zum Hüttenkäse können Sie auch Rahmfrischkäse oder Ricotta verwenden.

TACOS MIT HUHN À LA TEQUILA _____

ZUBEREITUNGSZEIT: 10 MIN.
MARINIERZEIT: 1 STD.
GARZEIT: 10 MIN.

Zutaten für 4 Personen

- 3 Knoblauchzehen
- 50 ml Tequila
- 60 ml Limettensaft
- 1 EL Minze, gehackt
- 1 EL glatte Petersilie, gehackt
- 1 TL Streuzucker
- 1 große Prise Salz
- 60 ml Olivenöl
- 8 Maistortillas (siehe Rezept S. 8)
- 4 Hähnchenbrustfilets (à 120 g)
- 1 eingelegte Chili (siehe Rezept S. 70)
- 8 EL Pico de gallo (siehe Rezept S. 64)

• Für die Marinade: Den Knoblauch schälen, entkeimen und in einen tiefen Teller zerdrücken. Tequila, Limettensaft, gehackte Kräuter, Zucker, Salz und Olivenöl zufügen und alles gut verrühren.

• Die Hähnchenbrustfilets zugeben und sorgfältig in der Marinade wenden. Mit Klarsichtfolie abdecken und 1 Stunde im Kühlschrank marinieren.

• Das Fleisch aus der Marinade heben, die Marinade aufbewahren. Die Hähnchenbrustfilets in einer vorgeheizten, antihaftbeschichteten Pfanne von jeder Seite 5 Minuten braten. Gegen Ende der Bratzeit die Marinade zugießen. Das Fleisch in dünne Streifen schneiden.

• Die Tortillas aufwärmen (in der Mikrowelle oder in der Pfanne). Die Tortillas jeweils mit einigen Fleischstreifen belegen. 1 Esslöffel Pico de gallo und etwas eingelegte Chili zu jeder Tortilla geben. Die Tortillas zusammenfalten und servieren.

TACOS MIT HUHN & TZATZIKI _____

ZUBEREITUNGSZEIT: 20 MIN.
MARINIERZEIT: 1 STD.
GARZEIT: 6 MIN.

Zutaten für 4 Personen

- 3 Knoblauchzehen
- ½ Bataviasalat
- 1 rote Zwiebel
- 12 Kirschtomaten
- 1 TL Chilipulver
- 2 EL Olivenöl
- Saft von 2 Zitronen
- Salz
- 4 Hähnchenkeulen, entbeint
- 8 Maistortillas (siehe Rezept S. 8)

Für das Tzatziki

- 150 g griechischer Joghurt
- ¼ Gurke, fein gewürfelt
- 1 Knoblauchzehe, entkeimt
  und zerdrückt
- Einige Minzeblätter, gezupft
- Saft von 1 Zitrone
- 1 EL Olivenöl
- Salz, Pfeffer aus der Mühle

• Den Knoblauch schälen und entkeimen. Den Salat waschen und in Streifen schneiden. Die Zwiebel schälen und in dünne Ringe schneiden. Die Kirschtomaten waschen und vierteln.

• Für die Marinade: Chilipulver, Knoblauch, Olivenöl, Zitronensaft und Salz in einem tiefen Teller verrühren.

• Die Hähnchenkeulen in Streifen schneiden. In die Marinade geben und sorgfältig darin wenden. Mit Klarsichtfolie abdecken und 1 Stunde im Kühlschrank marinieren.

• In der Zwischenzeit alle Zutaten für das Tzatziki in einer kleinen Schüssel verrühren und kalt stellen.

• Das Fleisch aus der Marinade heben und 6 Minuten in einer vorgeheizten, antihaftbeschichteten Pfanne bräunen, dabei von Zeit zu Zeit wenden.

• Die Tortillas aufwärmen (in der Mikrowelle oder in der Pfanne). Die Tortillas jeweils mit einigen Fleischstreifen belegen. Mit Salat, Zwiebel und Tomatenvierteln garnieren und mit etwas Tzatziki beträufeln. Die Tortillas zusammenfalten und servieren.

FAJITAS MIT HUHN

ZUBEREITUNGSZEIT: 10 MIN.
MARINIERZEIT: 1 STD.
GARZEIT: 10 MIN.

Zutaten für 4 Personen

- 2 Prisen Chilipulver
- 2 TL Paprikapulver
- 1 TL Salz
- 2 TL Oregano
- 6 EL Olivenöl
- 1 EL Zitronensaft
- 200 g Crème fraîche
- 8 Weizentortillas (siehe Rezept S. 6)
- 4 Hähnchenbrustfilets (à 120 g)
- 8 TL Pico de gallo (siehe Rezept S. 64)
- 8 EL Salsa verde (siehe Rezept S. 66)
- Einige Korianderblätter

Als Beilage (nach Belieben)

- 1 Schale Guacamole
  (siehe Rezept S. 62)
- Limettenviertel

• Chilipulver, Paprikapulver, Salz und Oregano in einem tiefen Teller mit dem Olivenöl verrühren.

• Die Hähnchenbrustfilets zugeben und sorgfältig in der Marinade wenden. Mit Klarsichtfolie abdecken und 1 Stunde im Kühlschrank marinieren.

• Das Fleisch aus der Marinade heben und in einer vorgeheizten, antihaftbeschichteten Pfanne von jeder Seite 5 Minuten braten. In dünne Streifen schneiden.

• Zitronensaft und Crème fraîche verrühren.

• Die Tortillas aufwärmen (in der Mikrowelle oder in der Pfanne). Jede Tortilla mit der Zitronen-Crème-fraîche bestreichen und mit den Fleischstreifen belegen. Je 1 Teelöffel Pico de gallo und 1 Esslöffel Salsa verde zugeben. Mit gezupftem Koriander bestreuen und die Füllung einrollen.

• Die Fajitas mit etwas Limettensaft beträufeln und mit Guacamole servieren.

FAJITAS MIT RIND

ZUBEREITUNGSZEIT: 15 MIN.
GARZEIT: 10 MIN.

Zutaten für 4 Personen

- 1 Zwiebel
- 1 rote Paprika
- 1 gelbe Paprika
- 2 EL Sonnenblumenöl
- Salz, Pfeffer aus der Mühle
- 600 g Rindersteaks
- 2 Avocados
- ½ Bund Koriander
- 8 Maistortillas (siehe Rezept S. 8)
- Einige Limettenviertel
- Roter oder grüner Tabasco
  (nach Belieben)

Als Beilage

- 1 Schale Guacamole
  (siehe Rezept S. 62)

• Die Zwiebel schälen und in dünne Ringe schneiden. Die Paprikaschoten waschen und halbieren. Die Samen entfernen und das Fruchtfleisch in dünne Streifen schneiden.

• Das Öl in einer Pfanne erhitzen und die Zwiebelringe bei schwacher Hitze 2 Minuten dünsten. Die Paprikastreifen zugeben und 5 Minuten rösten. Mit Salz und Pfeffer abschmecken.

• Das Fleisch auf einem Gasgrill (oder mit etwas Fett in der Pfanne) von jeder Seite 3 – 5 Minuten bei starker Hitze braten. Mit Salz bestreuen und in feine Streifen schneiden.

• Die Avocados schälen, entsteinen und das Fruchtfleisch in Streifen schneiden. Den Koriander waschen, trockentupfen und die Blätter fein hacken.

• Die Tortillas aufwärmen (in der Mikrowelle oder in der Pfanne). Jeweils 1 Esslöffel der Paprika-Zwiebel-Mischung auf die Tortillas geben. Mit einigen Fleisch- und Avocadostreifen garnieren und mit Limettensaft beträufeln. Mit Koriander bestreuen und nach Belieben einige Tropfen Tabasco zugeben (wenn man es scharf mag). Nun die Tortillas um die Füllung rollen.

• Mit Guacamole servieren.

TACOS MIT RIND & PAPRIKA

ZUBEREITUNGSZEIT: 15 MIN.
MARINIERZEIT: 1 STD.
GARZEIT: 25 MIN.

Zutaten für 4 Personen

- 600 g Rindersteaks
- 2 gelbe Paprika
- 2 rote Paprika
- Ca. 12 Kirschtomaten
- 8 Maistortillas (siehe Rezept S. 8)
- 100 g Feta

Für die Marinade

- 1 TL Chilipulver
- 1 TL Fenchelsamen
- 4 EL Olivenöl

Für die Vinaigrette

- ½ Bund Koriander
- 6 EL Olivenöl
- 2 EL Limettensaft
- 5 in Öl eingelegte Anchovifilets
- Salz, Pfeffer aus der Mühle

Als Beilage

- 1 Schale Salsa roja (siehe Rezept S. 68)

• Alle Zutaten für die Marinade in einem Schälchen verrühren. Das Fleisch mit der Marinade beträufeln, auf einen Teller legen, mit Klarsichtfolie abdecken und 1 Stunde im Kühlschrank marinieren.

• Den Backofen auf 200 °C vorheizen.

• Die Paprikaschoten auf ein Backblech legen und 20 Minuten grillen, dabei regelmäßig wenden. Sobald die Haut rundum gebräunt ist, in einen Plastikbeutel geben und etwas abkühlen lassen.

• Die Haut abziehen und die Samen entfernen; das Fruchtfleisch in feine Streifen schneiden. Die Tomaten waschen, vierteln und mit den Paprika vermischen.

• Für die Vinaigrette: Den Koriander waschen und die Blätter hacken. Olivenöl und Zitronensaft verrühren. Die Anchovifilets mit der Gabel zerdrücken und mit dem Koriander zugeben. Mit wenig Salz und Pfeffer abschmecken. Die Vinaigrette mit dem Gemüse vermengen.

• Das Fleisch auf einem Gasgrill bei starker Hitze von jeder Seite 5 – 8 Minuten grillen. Salzen und in dünne Streifen schneiden.

• Die Tortillas aufwärmen (in der Mikrowelle oder in der Pfanne). Jede Tortilla mit einigen Fleischscheiben belegen. Je 1 Esslöffel der Gemüsemischung und etwas zerbröselten Feta zugeben. Die Tortillas zusammenfalten und mit etwas Salsa roja servieren.

TACOS MIT RIND & KIMCHI _____

ZUBEREITUNGSZEIT: 10 MIN.
MARINIERZEIT: 1 STD.
GARZEIT: 6 MIN.

Zutaten für 4 Personen

- 100 g Gochujang (scharfe koreanische
  Gewürzpaste, im Asiashop)
- 5 EL Sonnenblumenöl
- 1 TL Oregano
- 600 g Rinderrippenstück (in einem
  dicken Stück)
- ½ Gurke
- 4 Lauchzwiebeln
- 8 Maistortillas (siehe Rezept S. 8)
- 8 große Blätter Kimchikohl
  (eingelegter Chinakohl, im Asiashop)
- 1 große Handvoll Sojasprossen
- 4 EL Sesamöl

• Die Gewürzpaste mit dem Sonnenblumenöl
verrühren und den Oregano zugeben. Das Fleisch
mit dieser Mischung bestreichen, in Klarsichtfolie
einwickeln und 1 Stunde im Kühlschrank marinieren.

• Eine antihaftbeschichtete Pfanne erhitzen und das
Fleisch bei starker Hitze 3 Minuten von jeder Seite
braten. In feine Streifen schneiden.

• Die Gurke in dünne Scheiben schneiden. Die Lauchzwiebeln waschen und hacken.

• Die Tortillas aufwärmen (in der Mikrowelle oder
in der Pfanne). Jede Tortilla mit einem Kimchiblatt
belegen. Einige Fleischstreifen und Gurkenscheiben
zugeben. Mit Lauchzwiebeln und Sojasprossen
bestreuen und mit Sesamöl beträufeln. Die Tortillas
zusammenfalten und servieren.

*Diese koreanischen Tacos erfreuen sich in den Vereinigten
Staaten großer Beliebtheit. Ebenso wie die Mexikaner haben
auch die Koreaner eine Vorliebe für scharfe und stark gewürzte
Gerichte.*

BURRITOS MIT RIND
& SCHWARZEN BOHNEN

ZUBEREITUNGSZEIT: 15 MIN.
GARZEIT: 10 MIN.

Zutaten für 4 Personen

- 1 kleine Gemüsezwiebel
- 1 EL Sonnenblumenöl
- 600 g Rinderhackfleisch
- Salz, Pfeffer aus der Mühle
- 1 TL Oregano
- 1 Glas schwarze Bohnen, abgetropft
- 4 EL Maiskörner
- 1 Avocado
- ½ Bund Koriander
- 1 Chili (Jalapeño)
- 1 rote Zwiebel
- 1 EL Limettensaft
- 200 g Crème fraîche
- 8 Weizentortillas (siehe Rezept S. 8)
- 100 g Feta

• Die Gemüsezwiebel schälen und hacken. Das Sonnenblumenöl in einer Pfanne erhitzen und die Zwiebel bei mittlerer Hitze 3 Minuten dünsten. Das Hackfleisch zugeben und bei starker Hitze 2 – 3 Minuten bräunen. Mit Salz, Pfeffer und Oregano abschmecken. Bohnen und Maiskörner unterrühren. Alles gut vermischen und bei schwacher Hitze weitere 3 – 4 Minuten braten.

• Die Avocado schälen, entsteinen und das Fruchtfleisch fein würfeln. Den Koriander waschen und die Blätter hacken. Die Chilischote aufschneiden und die Samen entfernen. In dünne Ringe schneiden. Die rote Zwiebel schälen und hacken.

• Limettensaft und Crème fraîche verrühren.

• Die Tortillas aufwärmen (in der Mikrowelle oder in der Pfanne). Jede Tortilla mit 3 Esslöffeln der Fleisch-Bohnen-Mischung belegen. Avocadowürfel, Chili, Koriander und rote Zwiebel darauf verteilen. Je 1 Esslöffel der Limetten-Crème-fraîche und etwas Feta zugeben. Die Tortillas einrollen und servieren.

Wer es scharf liebt, gibt noch einige Tropfen Salsa roja (siehe Rezept S. 68) auf die Tortilla.

ENCHILADAS MIT RIND

ZUBEREITUNGSZEIT: 20 MIN.
GARZEIT: 10 MIN.

Zutaten für 4 Personen

- 2 Zwiebeln
- 2 Knoblauchzehen
- 1 rote Paprika
- 1 gelbe Paprika
- 3 EL Olivenöl
- 1 TL Kreuzkümmel
- 1 TL Oregano
- 1 EL Chilipulver
- 600 g Rinderhackfleisch
- 1000 g pürierte Tomaten
- 250 g rote Bohnen aus dem Glas
- Salz, Pfeffer aus der Mühle
- 8 Maistortillas (siehe Rezept S. 8)
- 200 g Cheddar, gerieben

Als Beilage

- 1 Schale Salsa verde
  (siehe Rezept S. 66)
- Crème fraîche

• Zwiebeln und Knoblauch schälen und hacken. Die Paprikaschoten halbieren, die Samen entfernen und das Fruchtfleisch fein würfeln.

• In einem Schmortopf 2 Esslöffel Olivenöl mit Zwiebeln, Knoblauch, Kreuzkümmel, Oregano und Chilipulver erhitzen und 1 Minute dünsten. Hackfleisch und Paprika zugeben und bei starker Hitze 3 Minuten braten. 500 ml pürierte Tomaten zugießen und die Bohnen unterrühren. Mit Salz und Pfeffer abschmecken. Alles gut vermischen und bei schwacher Hitze 10 Minuten köcheln.

• Den Backofen auf 180 °C vorheizen.

• Eine Auflaufform mit dem restlichen Olivenöl einfetten. Den Boden der Auflaufform mit 250 ml pürierten Tomaten bedecken.

• Die Tortillas mit je 3 Esslöffeln der Hackfleischmischung belegen, einrollen und in die Auflaufform legen. Die restlichen pürierten Tomaten über die gefüllten Tortillas gießen und alles mit Cheddar bestreuen. 10 Minuten im Ofen überbacken, bis der Käse gerade geschmolzen, aber noch nicht gratiniert ist.

• Die Enchiladas mit Salsa verde und Crème fraîche servieren.

TACOS MIT SCHWEIN & PAPRIKA _____

ZUBEREITUNGSZEIT: 10 MIN.
MARINIERZEIT: 2 STD.
GARZEIT: 10 MIN.

Zutaten für 4 Personen

- 600 g Vorderrippenstück vom
  Schwein, in Scheiben
- Salz
- 1 EL Zitronensaft
- 200 g Crème fraîche
- 2 Avocados
- Einige Stängel Koriander
- 8 Maistortillas (siehe Rezept S. 8)
- Einige Limettenviertel

Für die Marinade

- 1 TL scharfes Paprikapulver
- 1 TL edelsüßes Paprikapulver
- 3 Knoblauchzehen, zerdrückt
- 3 EL Limettensaft
- 4 EL Olivenöl

Als Beilage

- 1 Schale Salsa verde
  (siehe Rezept S. 66)

• Alle Zutaten für die Marinade in einem tiefen Teller verrühren. Die Fleischscheiben zugeben und sorgfältig in der Marinade wenden. Mit Klarsichtfolie abdecken und 2 Stunden im Kühlschrank marinieren.

• Das Fleisch aus der Marinade heben und in einer vorgeheizten, antihaftbeschichteten Pfanne von jeder Seite 5 Minuten braten. Salzen und in feine Streifen schneiden.

• Zitronensaft und Crème fraîche verrühren.

• Die Avocados schälen, entsteinen und das Fruchtfleisch fein würfeln. Den Koriander waschen und die Blätter hacken.

• Die Tortillas aufwärmen (in der Mikrowelle oder in der Pfanne). Jede Tortilla mit 1 gehäuften Esslöffel der Zitronen-Crème-fraîche bestreichen. Jeweils einige Fleischstreifen, Avocadowürfel und etwas Koriander zugeben. Mit etwas Limettensaft beträufeln und die Tortillas zusammenfalten.

• Die Tacos mit Salsa verde als Beilage servieren.

TACOS MIT GESCHMORTEM SCHWEINEFLEISCH __

ZUBEREITUNGSZEIT: 15 MIN.
MARINIERZEIT: 12 STD.
GARZEIT: 2 STD.

Zutaten für 4 Personen

- 20 g Annatto (Samen des
  Annattostrauchs, im Latino-
  Lebensmittelhandel)
- 5 g Koriandersamen
- 6 g Oregano
- 5 g schwarze Pfefferkörner
- 3 g Kreuzkümmelsamen
- 1 Prise Zimtpulver
- 3 Gewürznelken
- 5 Knoblauchzehen
- 1 kleiner TL Salz
- 60 ml Weißweinessig
- Saft von 2 Orangen
- 2 EL Limettensaft
- 600 g Schweinerippenstück ohne
  Knochen
- 1 Orange
- ½ Bataviasalat
- Einige Stängel Koriander, gehackt
- 200 g Crème fraîche
- 8 Maistortillas (siehe Rezept S. 8)
- 8 TL eingekochte rote Zwiebeln (siehe
  Rezept S. 72)

• Annatto- und Koriandersamen, Oregano, Pfeffer-körner, Kreuzkümmelsamen, Zimtpulver und Gewürz-nelken im Mixer zu einem feinen Pulver pürieren.

• Die Knoblauchzehen schälen und entkeimen. Im Mörser mit dem Salz zerstoßen und nach und nach die Gewürzmischung untermischen. In eine große Schüssel geben, Weißweinessig, Orangen- und Limet-tensaft zugießen und alles gut vermischen. Die Mari-nade in einen tiefen Teller gießen, das Fleisch zugeben und in der Marinade wenden. Mit Klarsichtfolie ab-decken und 12 Stunden im Kühlschrank marinieren.

• Den Backofen auf 180 °C vorheizen. Fleisch und Marinade in einen Schmortopf geben und 2 Stunden im Ofen schmoren.

• Die Orange schälen und die weiße Haut entfernen. Das Fruchtfleisch fein würfeln. Den Salat waschen und in Streifen schneiden.

• Das Fleisch, sobald es gar ist, mit der Gabel zerfasern.

• Koriander und Crème fraîche vermischen.

• Die Tortillas aufwärmen (in der Mikrowelle oder in der Pfanne). Jede Tortilla mit Fleischfasern, Salat-streifen, eingekochten roten Zwiebeln und Orangen-würfeln belegen. Jeweils 1 Esslöffel Koriander-Crème-fraîche zugeben. Die Tortillas zusammenfalten und servieren.

EMPANADAS FÜR JEDE GELEGENHEIT _____

ZUBEREITUNGSZEIT: 20 MIN.
GARZEIT: 15 MIN.

Zutaten für ca. 12 Empanadas

Für den Teig

- 250 g Mehl
- 1 Prise Salz
- 125 g weiche Butter
- 1 Eigelb + 1 Eigelb zum Bestreichen
- 50 ml Wasser

Für die Füllung

- 400 g Fleischreste (Kochfleisch oder Schmorfleisch)
- 1 Zwiebel, gehackt
- ½ Bund glatte Petersilie, gehackt
- 200 g Maiskörner
- 60 ml Orangensaft
- Salz, Pfeffer aus der Mühle

• Für die Füllung: Die Fleischreste mit dem Messer fein hacken und in eine Schüssel geben. Die restlichen Zutaten zugeben und alles gut vermischen. Im Kühlschrank aufbewahren.

• Für den Teig: Mehl und Salz in einer Schüssel vermischen. Die Butter mit den Fingern einarbeiten. Eine Vertiefung formen und Eigelb und Wasser hineingießen. Nach und nach das Mehl einarbeiten. Den Teig kräftig durchkneten und zu einer Kugel formen.

• Den Teig auf einer bemehlten Arbeitsfläche etwa 2 – 3 mm dick ausrollen. Kreise mit einem Durchmesser von etwa 10 – 12 cm ausstechen.

• Den Backofen auf 180 °C vorheizen.

• Je 1 gehäuften Esslöffel der Füllung auf die Hälfte eines Teigkreises legen, dabei einen etwa 1,5 cm breiten Rand freilassen. Den Rand mit etwas Wasser anfeuchten, dann die freie Hälfte darüberklappen und an den Rändern kräftig andrücken. Am Teigrand mit Daumen und Zeigefinger oder mit den Zinken einer Gabel kleine Zacken formen.

• Die Teigtaschen auf ein mit Backpapier belegtes Backblech legen. Mit Eigelb (mit 1 Teelöffel Wasser verrührt) einpinseln. 15 Minuten im Ofen backen.

BURRITOS MIT ZWEIERLEI FLEISCH _____

ZUBEREITUNGSZEIT: 15 MIN.
GARZEIT: 10 MIN.

Zutaten für 4 Personen

- 1 große Zwiebel
- 2 Knoblauchzehen
- 1 gelbe Paprika
- ½ Bataviasalat
- Einige Stängel Koriander
- 2 EL Olivenöl
- 250 g Schweinehackfleisch
- 250 g Rinderhackfleisch
- 150 g rote Bohnen im Glas, abgetropft
  und abgespült
- 2 EL Rosinen
- Eine Handvoll geschälte Mandeln,
  gehackt
- 1 TL Oregano
- 1 Prise Zimtpulver
- Salz, Pfeffer aus der Mühle
- 8 Weizentortillas (siehe Rezept S. 6)
- 200 g Cheddar, gerieben

Als Beilage

- 1 Schale Salsa verde
  (siehe Rezept S. 66)

• Die Zwiebel schälen und hacken. Die Knoblauchzehen schälen und entkeimen. Die Paprika waschen und sehr fein würfeln. Den Salat in Streifen schneiden. Den Koriander waschen und die Blätter hacken.

• Die Zwiebel mit dem Olivenöl in einem Schmortopf glasig dünsten. Das Hackfleisch zugeben und bei starker Hitze 5 Minuten anbraten. Knoblauch, Paprikawürfel, Bohnen, Rosinen, Mandeln, Oregano und Zimtpulver zugeben. Mit Salz und Pfeffer abschmecken und alles gut vermischen. Weitere 2 Minuten bei schwacher Hitze köcheln und mit dem Koriander bestreuen.

• Die Tortillas aufwärmen (in der Mikrowelle oder in der Pfanne). Jede Tortilla mit etwa 2 Esslöffeln der Fleischmischung belegen und die Salatstreifen zugeben. Mit dem Cheddar bestreuen und die Tortillas einrollen.

• Die Burritos mit Salsa verde als Beilage servieren.

QUESADILLAS MIT SCHINKEN ────────────

ZUBEREITUNGSZEIT: 10 MIN.
GARZEIT: 6 MIN.

Zutaten für 4 Personen

- 2 Lauchzwiebeln
- 6 Stängel Koriander
- 400 g rote Bohnen im Glas, abgetropft
  und abgespült
- 2 EL Olivenöl
- Salz, Pfeffer aus der Mühle
- 1 TL Oregano
- 4 große Weizen- oder Maistortillas
  (siehe Rezepte S. 6 oder S. 8)
- 8 Scheiben Schinken
- 120 g Cheddar, gerieben
- Grüner Tabasco (nach Belieben)

Als Beilage

- 1 Schale Guacamole
  (siehe Rezept S. 62)

• Die Lauchzwiebeln waschen und hacken. Die Korianderblätter von den Stielen befreien.

• Die Bohnen mit Olivenöl, Salz, Pfeffer, Oregano und Korianderblättern zu einem glatten Mus pürieren.

• 1 Tortilla mit dem Bohnenmus bestreichen. 4 Scheiben Schinken auflegen und mit der Hälfte des Cheddars bestreuen. Nach Belieben mit einigen Tropfen Tabasco beträufeln. Mit einer zweiten Tortilla bedecken.

• Mit den anderen beiden Tortillas und den restlichen Zutaten ebenso verfahren.

• Die Tortillas in zwei antihaftbeschichteten Pfannen von jeder Seite 3 Minuten braten, bis der Käse geschmolzen ist.

• Die Tortillas in 6 Stücke schneiden. Mit Guacamole servieren.

EMPANADAS MIT THUNFISCH _____

ZUBEREITUNGSZEIT: 40 MIN.
GARZEIT: 15 MIN.

Zutaten für ca. 12 Empanadas

Für den Teig

- 250 g Mehl
- 1 Eigelb + 1 Eigelb zum Bestreichen
- 50 ml Wasser
- 125 g weiche Butter
- 1 Prise Salz

Für die Füllung

- 2 EL Olivenöl
- 1 Zwiebel, gehackt
- ½ gelbe Paprika, fein gewürfelt
- ½ rote Paprika, fein gewürfelt
- 400 g pürierte Tomaten
- 250 g Thunfisch aus der Dose, abgegossen und mit der Gabel zerdrückt
- 1 hartgekochtes Ei, mit einer Gabel zerdrückt
- ½ glatte Petersilie, gehackt
- Einige schwarze Oliven, gehackt
- Salz, Pfeffer aus der Mühle
- Grüner Tabasco (nach Belieben)

• Für die Füllung: Das Olivenöl in einem Topf erhitzen. Zwiebel und Paprika zugeben und bei mittlerer Hitze 3 Minuten dünsten. Pürierte Tomaten und Thunfisch zugeben. Alles gut vermischen und ohne Deckel bei schwacher Hitze 10 Minuten einkochen (die Mischung darf nicht zu flüssig sein).

• Ei, Petersilie und Oliven einrühren und mit Salz, Pfeffer und nach Belieben einigen Tropfen Tabasco abschmecken.

• Den Teig zubereiten, wie auf Seite 34 in Schritt 2 beschrieben.

• Den Backofen auf 180 °C vorheizen. Den Teig auf einer bemehlten Arbeitsfläche etwa 2 – 3 mm dick ausrollen. Kreise mit einem Durchmesser von etwa 10 – 12 cm ausstechen.

• Je 1 gehäuften Esslöffel der Füllung auf die Hälfte eines Teigkreises legen, dabei einen etwa 1,5 cm breiten Rand freilassen. Den Rand mit etwas Wasser anfeuchten, dann die freie Hälfte darüberklappen und an den Rändern kräftig andrücken. Am Teigrand mit Daumen und Zeigefinger oder mit den Zinken einer Gabel kleine Zacken formen.

• Die Teigtaschen auf ein mit Backpapier belegtes Backblech legen. Mit Eigelb (mit 1 Teelöffel Wasser verrührt) einpinseln. 15 Minuten im Ofen backen.

TACOS MIT SEEZUNGE

ZUBEREITUNGSZEIT: 10 MIN.
MARINIERZEIT: 30 MIN.
GARZEIT: 3 MIN. JE TACO

Zutaten für 4 Personen

- 4 Little-Gem-Salate
- 8 Seezungenfilets (mit Haut)
- 20 Kirschtomaten
- 8 Maistortillas (siehe Rezept S. 8)

Für die Marinade

- 4 Knoblauchzehen, zerdrückt
- 1 TL Chilipulver
- 200 ml Limettensaft
- 4 EL Olivenöl
- 2 EL Streuzucker
- Salz

- Die Salatblätter waschen und trockenschleudern.

- Die Seezungenfilets mit Küchenpapier abtupfen.

- Alle Zutaten für die Marinade vermischen.
Die Hälfte der Marinade in einen tiefen Teller gießen.
Die Fischfilets zugeben und 30 Minuten im Kühlschrank marinieren.

- Die Tomaten waschen und halbieren oder vierteln.
Mit der restlichen Marinade übergießen.

- Die Fischfilets aus der Marinade heben und in einer antihaftbeschichteten Pfanne bei mittlerer Hitze 1–2 Minuten von jeder Seite braten.

- Die Tortillas aufwärmen (in der Mikrowelle oder in der Pfanne). Jede Tortilla mit einigen Salatblättern und Tomaten sowie 1 Fischfilet belegen. Mit etwas Marinade beträufeln. Die Tortillas einrollen und servieren.

Sie können die Seezungenfilets auch durch Heilbuttfilets ersetzen.

TACOS MIT ROHEM FISCH ─────

ZUBEREITUNGSZEIT: 15 MIN.
MARINIERZEIT: 15 MIN.
KEINE GARZEIT

Zutaten für 4 Personen

- 500 g Doradenfilets (ohne Haut)
- 1 kleine rote Chili
- 3 Knoblauchzehen
- Saft von 3 Limetten
- Salz
- 2 Avocados
- 1 Mango
- 1 rote Zwiebel
- 1 kleiner Bund Koriander
- 8 Maistortillas (siehe Rezept S. 8)

Für die Ricottasauce

- 200 g Ricotta
- 3 Lauchzwiebeln, gehackt
- 1 EL Olivenöl
- Salz, Pfeffer aus der Mühle

● Alle Zutaten für die Ricottasauce in einer Schüssel verrühren. Im Kühlschrank aufbewahren.

● Die Fischfilets in dünne Streifen schneiden und ebenfalls in den Kühlschrank stellen.

● Die Chili entkernen und hacken. Die Knoblauchzehen schälen und entkeimen.

● Limettensaft, Knoblauch, Chili und Salz in einem tiefen Teller verrühren. Die Fischstreifen zugeben und sorgfältig mit der Marinade überziehen. 15 Minuten im Kühlschrank marinieren.

● In der Zwischenzeit das Avocado- und Mangofruchtfleisch fein würfeln. Die rote Zwiebel schälen und in dünne Ringe schneiden. Den Koriander waschen und die Blätter hacken.

● Die Tortillas aufwärmen (in der Mikrowelle oder in der Pfanne). Jede Tortilla mit Fischstreifen belegen. Jeweils einige Mango- und Avocadowürfel, Zwiebelringe und etwas Koriander darauf verteilen. Jeweils 1 Esslöffel Ricottasauce zugeben. Die Tortillas einrollen und servieren.

Anstelle der Doradenfilets können Sie auch Barschfilets verwenden.

FAJITAS MIT GARNELEN

ZUBEREITUNGSZEIT: 15 MIN.
MARINIERZEIT: 30 MIN.
GARZEIT: 3 MIN.

Zutaten für 4 Personen

- 8 Weizentortillas (siehe Rezept S. 6)
- 500 g rohe Garnelen, geschält
- 8 EL Pico de gallo (siehe Rezept S. 64)

Für die Marinade

- 2 Stängel Zitronenmelisse, gehackt
- 2 Knoblauchzehen, zerdrückt
- 1 TL Paprikapulver
- Saft von 3 Limetten
- 2 EL Olivenöl
- Salz

• Alle Zutaten für die Marinade in einer Schüssel verrühren. Die Garnelen zugeben und sorgfältig mit der Marinade überziehen. 30 Minuten im Kühlschrank marinieren.

• Eine antihaftbeschichtete Pfanne aufheizen. Die Garnelen aus der Marinade heben und bei starker Hitze 2–3 Minuten braten. Zum Schluss mit der Marinade ablöschen.

• Die Tortillas aufwärmen (in der Mikrowelle oder in der Pfanne). Jede Tortilla mit einigen Garnelen belegen und jeweils 1 Esslöffel Pico de gallo zugeben. Die Tortillas einrollen und servieren.

TACOS MIT SCHWARZEN BOHNEN _____

ZUBEREITUNGSZEIT: 5 MIN.
GARZEIT: 10 MIN.

Zutaten für 4 Personen

- Einige Stängel Koriander
- 2 Knoblauchzehen
- 500 g schwarze Bohnen im Glas mit
  etwas Saft
- 2 EL Olivenöl
- 100 g Rucola
- 1 EL Limettensaft
- 200 g Crème fraîche
- 8 Maistortillas (siehe Rezept S. 8)
- 8 EL Pico de gallo (siehe Rezept S. 64)

• Den Koriander waschen und die Blätter hacken. Die Knoblauchzehen schälen, entkeimen und zerdrücken.

• Die Bohnen mit Olivenöl, Koriander und Knoblauch in einen Topf geben und bei schwacher Hitze ohne Deckel 10 Minuten einkochen.

• Den Rucola waschen.

• Limettensaft und Crème fraîche verrühren.

• Die Tortillas aufwärmen (in der Mikrowelle oder in der Pfanne). Jede Tortilla mit einigen Rucolablättern und jeweils 2 Esslöffeln der Bohnenmischung belegen. Jeweils 1 Esslöffel Pico de gallo und 1 Teelöffel der Limetten-Crème-fraîche zugeben. Die Tortillas einrollen und servieren.

TACOS MIT KNACKIGEM GEMÜSE

ZUBEREITUNGSZEIT: 10 MIN.
KEINE GARZEIT

Zutaten für 4 Personen

- 2 Stangen Sellerie
- 2 Möhren
- 2 Zucchini
- 1 gelbe Paprika
- ½ Apfel
- Einige Stängel Koriander
- 1 EL Limettensaft
- 200 g Crème fraîche
- 1 kleine Handvoll Sojasprossen
- 8 Maistortillas (siehe Rezept S. 8)
- 100 g Feta, zerkrümelt

Für die Vinaigrette

- 1 Stängel Zitronenmelisse, gehackt
- 50 ml Sojasauce
- Saft von 1 Limette
- 50 ml Sesamöl
- Pfeffer aus der Mühle

• Die Selleriestangen schälen und fein hacken. Möhren, Zucchini und Paprika schälen und in feine Streifen schneiden. Den Apfel waschen und in Stifte schneiden. Den Koriander waschen und die Blätter hacken.

• Limettensaft und Crème fraîche verrühren.

• Die Zutaten für die Vinaigrette in einer großen Schüssel verrühren. Gemüse, Apfel und Sojasprossen zugeben. Alles sorgfältig durchmengen.

• Die Tortillas aufwärmen (in der Mikrowelle oder in der Pfanne). Jede Tortilla mit 2 Esslöffeln der Gemüse-mischung belegen. Mit Koriander und Feta bestreuen und jeweils 1 Esslöffel der Limetten-Crème-fraîche zugeben. Die Tortillas einrollen und servieren.

QUESADILLAS GANZ EINFACH _____

ZUBEREITUNGSZEIT: 5 MIN.
GARZEIT: 6 MIN. JE QUESADILLA

Zutaten für 4 Personen

- 500 g Büffelmozzarella
- Einige Stängel Koriander
- Salz
- 4 große Weizen- oder Maistortillas
  (siehe Rezepte S. 6 oder S. 8)

Als Beilage

- 1 Schale Salsa verde
  (siehe Rezept S. 66)
- Einige Limettenviertel

• Den Mozzarella in dünne Scheiben schneiden. Den Koriander waschen und die Blätter hacken.

• 1 Tortilla großzügig mit Mozzarella belegen. Etwas salzen und mit Koriander bestreuen. Mit einer zweiten Tortilla bedecken.

• Diese Arbeitsschritte mit den beiden anderen Tortillas und den restlichen Zutaten wiederholen.

• Die Tortillas in zwei antihaftbeschichteten Pfannen etwa 3 Minuten von jeder Seite braten, bis der Käse geschmolzen ist: Die Tortillas sollten nicht knusprig werden, sondern schön weich bleiben.

• Die Quesadillas in 6 Stücke schneiden. Mit Salsa verde und einem Schuss Limettensaft servieren.

ÜBERBACKENE TORTILLACHIPS ⸻

ZUBEREITUNGSZEIT: 10 MIN.
GARZEIT: 10 MIN.

Zutaten für 4 Personen

- 2 Chilis (Jalapeño)
- 1 rote Paprika
- 1 gelbe Paprika
- 15 Kirschtomaten
- ½ Bund Koriander
- 1 rote Zwiebel
- Öl für die Form
- 200 g Tortillachips (siehe Rezept S. 10)
- 120 g Cheddar, gerieben

Als Beilage

- 1 Schale Guacamole
  (siehe Rezept S. 62)

• Den Backofen auf 180 °C vorheizen.

• Die Chilis aufschneiden und die Samen entfernen. In dünne Ringe schneiden. Die Paprikaschoten waschen und fein würfeln.

• Die Kirschtomaten waschen und halbieren. Den Koriander waschen und die Blätter hacken. Die Zwiebel schälen und hacken.

• Eine Auflaufform mit Öl einfetten und den Boden mit einer Lage Tortillachips auslegen. Einige Paprikawürfel, Tomaten, Chiliringe und etwas Zwiebel darauf verteilen. Mit Koriander und Cheddar bestreuen. Eine weitere Lage Tortillachips auflegen und wiederum mit Gemüse belegen. So fortfahren, bis alle Zutaten aufgebraucht sind. Zum Schluss mit Cheddar bestreuen.

• 8 – 10 Minuten im Ofen backen, bis der Käse geschmolzen ist (er darf nicht braun werden).

• Die überbackenen Tortillachips mit Guacamole servieren.

TACOS MIT SCHARFEM HÜTTENKÄSE _____

ZUBEREITUNGSZEIT: 5 MIN.
KEINE GARZEIT

Zutaten für 4 Personen

- 8 Maistortillas (siehe Rezept S. 8)

Für die Füllung

- 6 grüne Oliven, entsteint
- 6 schwarze Oliven, entsteint
- 12 Kirschtomaten
- 4 Lauchzwiebeln
- 600 g Hüttenkäse
- 2 EL Pinienkerne
- 1 EL Chilipulver
- 2 EL Olivenöl

• Für die Füllung: Die Oliven in Ringe schneiden. Die Kirschtomaten waschen und vierteln. Die Lauchzwiebeln fein hacken.

• Den Hüttenkäse in einer Schüssel mit allen Zutaten verrühren.

• Die Tortillas aufwärmen (in der Mikrowelle oder in der Pfanne).

• Jede Tortilla mit 2 gehäuften Esslöffeln der Käsemischung bestreichen.

• Die Tortillas einrollen und servieren.

EMPANADAS MIT GEMÜSE _____

ZUBEREITUNGSZEIT: 30 MIN.
GARZEIT: 15 MIN.

Zutaten für ca. 12 Empanadas

Für den Teig

- 250 g Mehl
- 1 Eigelb + 1 Eigelb zum Bestreichen
- 50 ml Wasser
- 125 g weiche Butter
- 1 große Prise Salz

Für die Füllung

- 1 EL Olivenöl
- 1 Zwiebel, gehackt
- 1 Zucchini, fein gewürfelt
- 100 g Maiskörner
- 100 g rote Bohnen im Glas,
  abgegossen
- Salz, Pfeffer aus der Mühle
- ½ TL Kreuzkümmel
- 3 Lauchzwiebeln, gehackt
- ½ Bund Koriander, gehackt
- 70 g Cheddar, gerieben

Als Beilage

- 1 Schale Salsa verde
  (siehe Rezept S. 66)
- 1 Schale Crème fraîche verrührt
  mit 1 EL Zitronensaft

• Für die Füllung: Das Olivenöl in einer Pfanne erhitzen. Die Zwiebel bei mittlerer Hitze 2 Minuten dünsten. Zucchini, Maiskörner und Bohnen zugeben. Mit Salz, Pfeffer und Kreuzkümmel abschmecken. Alles gut vermischen und bei schwacher Hitze weitere 5 Minuten köcheln. Gegen Ende der Kochzeit Lauchzwiebeln, Koriander und Cheddar zugeben. Verrühren und beiseitestellen.

• Den Backofen auf 180 °C vorheizen.

• Den Teig zubereiten, wie auf Seite 34 in Schritt 2 beschrieben.

• Den Teig auf einer bemehlten Arbeitsfläche etwa 2 – 3 mm dick ausrollen. Kreise mit einem Durchmesser von etwa 10 – 12 cm ausstechen.

• Je 1 gehäuften Esslöffel der Gemüsefüllung auf die Hälfte eines Teigkreises legen, dabei einen etwa 1,5 cm breiten Rand freilassen. Den Rand mit etwas Wasser anfeuchten, dann die freie Hälfte darüberklappen und an den Rändern kräftig andrücken. Am Teigrand mit Daumen und Zeigefinger oder mit den Zinken einer Gabel kleine Zacken formen.

• Die Teigtaschen auf ein mit Backpapier belegtes Backblech legen. Mit Eigelb (mit 1 Teelöffel Wasser verrührt) einpinseln. 15 Minuten im Ofen backen.

• Die Empanadas mit der Zitronen-Crème-fraîche und Salsa verde servieren.

TOSTADAS MIT ANANAS & WEISSKOHL _____

ZUBEREITUNGSZEIT: 15 MIN.
GARZEIT: 8 MIN.

Zutaten für 4 Personen

- 1 Ananas
- 2 Avocados
- ½ Weißkohl
- 1 rote Zwiebel
- 1 Granatapfel
- 4 EL Olivenöl
- Saft von 1 Limette
- 1 EL Apfelessig
- Salz, Pfeffer aus der Mühle
- 2 Prisen Oregano
- Frittieröl
- 8 altbackene Maistortillas
  (siehe Rezept S. 8)

Als Beilage

- 1 Schale Crème fraîche verrührt
  mit 1 EL Zitronensaft

• Ananas und Avocados schälen und in Würfel schneiden. Den Weißkohl fein hacken.

• Die Zwiebel schälen und in dünne Ringe schneiden. Die Samen aus dem Granatapfel herauslösen.

• Für die Vinaigrette Olivenöl, Limettensaft und Apfelessig in einer Schüssel verrühren. Mit Salz, Pfeffer und Oregano abschmecken.

• Obst und Gemüse in die Schüssel geben und alles gut vermischen.

• Das Frittieröl erhitzen. Sobald es heiß ist, die Tortillas nacheinander etwa 1 Minute frittieren, bis sie etwas Farbe angenommen haben. Auf Küchenpapier abtropfen lassen.

• Jede Tortilla großzügig mit der Obst-Gemüse-Mischung belegen.

• Mit der Zitronen-Crème-fraîche servieren.

GUACAMOLE

ZUBEREITUNGSZEIT: 10 MIN.
KEINE GARZEIT

Zutaten für 1 große Schale

- 1 Tomate
- 1 Zwiebel
- ½ Bund Koriander
- 2 vollreife Avocados
- 2 EL Limettensaft
- Salz
- 1 Prise Streuzucker
- Grüner Tabasco (nach Belieben)

• Die Tomate an der Oberseite kreuzweise einschneiden. 20 Sekunden in einem Topf mit kochendem Wasser blanchieren, in kaltem Wasser abschrecken und häuten. Die Samen mit einem kleinen Löffel entfernen und das Fruchtfleisch fein würfeln.

• Die Zwiebel schälen und hacken. Den Koriander waschen und die Blätter fein hacken.

• Die Avocado halbieren und den Stein entfernen. Das Fruchtfleisch mit einem Löffel herausschälen.

• Das Avocadofruchtfleisch in einer Schüssel mit der Gabel zerdrücken. Limettensaft, Tomatenwürfel, Zwiebel und Koriander zugeben. Mit Salz und Zucker abschmecken. Nach Belieben einige Tropfen Tabasco untermischen.

BOHNENMUS

ZUBEREITUNGSZEIT: 5 MIN.
GARZEIT: 3 MIN.

Zutaten für 1 große Schale

- ½ Zwiebel
- 1 Chili (Jalapeño)
- 2 EL Sonnenblumenöl
- 250 g schwarze Bohnen im Glas mit etwas Saft
- 50 g Feta

• Die Zwiebel schälen und hacken. Die Chili aufschneiden und die Samen entfernen. In dünne Ringe schneiden.

• Das Öl in einer Pfanne erhitzen und die Zwiebel bei schwacher Hitze glasig dünsten.

• Bohnen und Zwiebel im Mixer zu einem sämigen Mus pürieren und in eine Schüssel geben. Die Chili zugeben und den zerbröselten Feta untermischen.

PICO DE GALLO

ZUBEREITUNGSZEIT: 5 MIN.
KEINE GARZEIT

Zutaten für 1 große Schale

- 3 Tomaten
- 3 Frühlingszwiebeln
- 1–2 Chilis (Jalapeño, je nach
  gewünschter Schärfe)
- Einige Stängel Koriander
- Saft von 1 Limette
- 2 EL Olivenöl
- Salz

• Die Tomaten waschen, die Samen entfernen und das Fruchtfleisch fein würfeln.

• Die Zwiebeln waschen und hacken. Die Chilis aufschneiden, die Samen entfernen und die Schoten in feine Ringe schneiden. Den Koriander waschen und die Blätter hacken.

• Tomaten, Chiliringe und Zwiebeln in einer kleinen Schüssel vermischen. Zitronensaft, Koriander und Olivenöl zugeben. Mit Salz abschmecken und alles gut durchmischen.

• Kalt als Beilage zu allen Arten von Tacos servieren.

Es ist oft schwierig, bei uns frische Jalapeño-Chilis zu finden. Sie können aber auch durch Jalapeños im Glas oder lange grüne Chilis ersetzt werden, die in unseren Breiten häufiger angeboten werden.

SALSA VERDE

ZUBEREITUNGSZEIT: 10 MIN.
KEINE GARZEIT

Zutaten für 1 große Schale

- 2 lange grüne Chilis
- 1 Knoblauchzehe
- 2 Frühlingszwiebeln mit Grün
- ½ Bund Koriander
- 8 EL Olivenöl
- Salz

• Die Chilis waschen und die Enden abschneiden. Die Samen entfernen (so sind sie weniger scharf), die Schoten in dünne Ringe schneiden und in eine Schüssel geben.

• Die Knoblauchzehe schälen, entkeimen, zerdrücken und zugeben.

• Die Frühlingszwiebeln hacken und zugeben.

• Den Koriander waschen, die Blätter hacken und in die Schüssel streuen.

• Das Olivenöl zugießen und alles gut vermengen. Mit Salz abschmecken.

Eine sehr erfrischende Beilage, die zu allen Tortillas passt. Weniger scharf wird die Salsa verde, wenn Sie eine Chilischote durch eine halbe gelbe Paprikaschote ersetzen.

SALSA ROJA

ZUBEREITUNGSZEIT: 15 MIN.
GARZEIT: 5 MIN.
RUHEZEIT: 30 MIN.

Zutaten für 1 große Schale

- 6 De-Arbol-Chilis, getrocknet
- 2 Guajillo-Chilis, getrocknet
- 2 Tomaten
- 3 Knoblauchzehen
- Salz

• Die Enden der Chilis abschneiden und die Samen entfernen. Die Schoten in einen Topf geben, mit Wasser bedecken und aufkochen. Einige Minuten kochen lassen.

• In der Zwischenzeit die Tomaten häuten und die Samen entfernen. Die Knoblauchzehen schälen und entkeimen.

• Die Chilis abgießen, das Kochwasser dabei auffangen. Chilis, Tomaten, Knoblauch und Salz im Mixer pürieren. Nach und nach etwas Kochwasser zugeben, bis die gewünschte Konsistenz erreicht ist.

• Die Salsa 30 Minuten ruhen lassen, damit sich alle Aromen entwickeln können.

Verarbeiten Sie die Chilis am besten mit Einmalhandschuhen, um jeglichen Hautkontakt, der schnell zu Reizungen führen kann, zu vermeiden.

EINGELEGTE CHILIS

ZUBEREITUNGSZEIT: 10 MIN.
GARZEIT: 3 MIN.
RUHEZEIT: CA. 12 STD.

Zutaten für 1 großes Glas

- 3 Knoblauchzehen
- 600 ml Weißweinessig
- 500 ml Wasser
- 160 g Streuzucker
- 1 EL Koriandersamen
- 3 rote Chilis
- 3 grüne Chilis
- Einige Stängel Koriander

- Die Knoblauchzehen schälen und entkeimen.

- Weißweinessig und Wasser in einem Topf aufkochen. Zucker, Koriandersamen und Knoblauch zugeben. 3 Minuten unter Rühren kochen.

- Die Chilis sorgfältig waschen und mit den Korianderstängeln in ein sterilisiertes Einmachglas füllen. Die Essig-Wasser-Mischung zugießen, das Glas verschließen und mindestens 12 Stunden ziehen lassen.

Die Chilis in Stücke schneiden und zu Ihren Gerichten servieren.

EINGEKOCHTE ROTE ZWIEBELN _____

ZUBEREITUNGSZEIT: 15 MIN.
GARZEIT: 5 MIN.

Zutaten für 1 Schüssel

- 500 g rote Zwiebeln
- 1 Chili (Habanero)
- 1 EL Sonnenblumenöl
- 60 ml Weißweinessig
- 1 TL Oregano
- Salz

• Die Zwiebeln schälen und in dünne Ringe schneiden.

• Die Chili aufschneiden, die Samen entfernen und die Schote hacken. (Verwenden Sie unbedingt Einmalhandschuhe, um jeglichen Hautkontakt zu vermeiden: Es handelt sich um eine der schärfsten Chilis der Welt.)

• Das Öl in einem Topf erhitzen. Zwiebeln und Chili bei mittlerer Hitze 4 – 5 Minuten dünsten (die Zwiebeln sollten gerade erst gar sein). Den Herd ausschalten und den Essig zugießen. Mit Oregano und Salz abschmecken und alles gut vermischen.

Reichen Sie diese Beilage kalt zu Tacos und Burritos.

MARGARITA

Zutaten für 4 Gläser

- 180 ml Tequila
- 90 ml Triple Sec (Grand Marnier oder Cointreau)
- 180 ml Limettensaft
- Crushed Ice
- Zitronensaft und Salz für den Glasrand

• Alle Flüssigkeiten mit dem Crushed Ice in einem Shaker mixen.

• Die Glasränder mit Zitronensaft benetzen und in Salz tauchen. Den Cocktail in die Gläser füllen.

MEZCAL-COCKTAIL

Zutaten für 4 Gläser

- 120 ml Mezcal
- 120 ml Agavensirup
- 120 ml frisch gepresster Maracujasaft
- 60 ml Limettensaft
- 1 Prise Salz
- 180 ml Sprudelwasser
- Crushed Ice

• Mezcal und Agavensirup in einem Shaker mixen. Sobald der Sirup sich gelöst hat, die Fruchtsäfte zugießen und salzen. Noch einmal mit Crushed Ice mixen.

• Die Mischung in Gläser füllen und mit Sprudelwasser aufgießen. Verrühren und servieren.

SANGRITA

Zutaten für 4 Gläser

- 250 ml Tomatensaft
- 125 ml frisch gepresster Orangensaft
- 50 ml frisch gepresster Limettensaft
- ¼ Chili (Jalapeño), gehackt
- Selleriesalz (nach Belieben)
- Tequila (zum Servieren)

• Alle Zutaten (bis auf den Tequila) in einem Krug verrühren.

• Kalt servieren und einen Tequila dazu reichen: abwechselnd einen Schluck Tequila und einen Schluck Sangrita trinken.

ALKOHOLFREIER COCKTAIL ─────────

ZUBEREITUNGSZEIT: 15 MIN.

Zutaten für 4 Gläser

- ¼ Ananas
- ¼ Gurke
- 2 Zweige Estragon
- 200 ml Wasser
- 1 TL Agavensirup
- 50 ml Limettensaft
- Crushed Ice
- 5 g Alfalfasprossen

• Ananas und Gurke schälen und in Würfel schneiden. Den Estragon von den Stielen lösen.

• Ananas- und Gurkenwürfel mit Wasser, Agavensirup Limettensaft und Estragon mixen und die Mischung durch ein Sieb filtern.

• Mit Crushed Ice in Gläser füllen, mit Alfalfasprossen garnieren und servieren.

DANKSAGUNGEN

DANKE!

Dank an die Herausgeberin Aurélie Cazenave für ihren ansteckenden Enthusiasmus.
Dank an Aimery Chemin, immer bereit, einen Taco zu essen.
Dank an Nicolas für immer.
Dank an meine kleine Clique.

MENGENANGABEN

	Metrisches System	Amerikanisches System	Andere Schreib-weise
Flüssigkeiten	5 ml	1 Teelöffel	
	15 ml	1 Esslöffel	
	35 ml	1/8 Tasse	1 oz (oder once)
	65 ml	1/4 Tasse oder 1/4 Glas	2 oz
	125 ml	1/2 Tasse oder 1/2 Glas	4 oz
	250 ml	1 Tasse oder 1 Glas	8 oz
	500 ml	2 Tassen	
	1 l	4 Tassen	

	Metrisches System	Amerikanisches System	Andere Schreib-weise
Gewichtseinheiten	30 g	1 oz	
	55 g	1/8 lbs	2 oz
	115 g	1/4 lbs	4 oz
	170 g	3/8 lbs	6 oz
	225 g	1/2 lbs	8 oz
	454 g	1 lbs	16 oz

	Wärme	°C	Thermostat	°F
Temperatur	Gering	70 °C	2–3	150 °F
	Warm	100 °C	3–4	200 °F
		120 °C	4	250 °F
	Mittel	150 °C	5	300 °F
		180 °C	6	350 °F
	Heiß	200 °C	6–7	400 °F
		230 °C	7–8	450 °F
	Sehr heiß	260 °C	8–9	500 °F

© der deutschen Ausgabe:
2015 Tandem Verlag GmbH

© der französischen Ausgabe:
Tacos
Mango, Paris

Alle Rechte vorbehalten

Übersetzung aus dem Französischen: Annette Mader
Lektorat/Redaktion: Christoph Eiden
Satz und Produktion: ce redaktionsbüro
Umschlaggestaltung: Roman, Bold and Black, Köln

Gesamtherstellung: Tandem Verlag GmbH, Potsdam

ISBN: 978-3-8427-1252-2